NOTICE

SUR LES

TRAVAUX D'HYGIÈNE

DU DOCTEUR

CHARLES BRAME

NOTICE

SUR LES

TRAVAUX D'HYGIÈNE

DU DOCTEUR

CHARLES BRAME

Membre correspondant des Sociétés Philomathique et de Pharmacie
Membre non résidant de la Société Chimique de Paris.

CANDIDAT A LA CHAIRE D'HYGIÈNE VACANTE A LA FACULTÉ DE MÉDECINE
DE MONTPELLIER

TOURS

ERNEST MAZEREAU, IMPRIMEUR BREVETÉ

1876

I

HYGIÈNE PUBLIQUE

1. — 1847. Rapport sur les cimetières de Tours. Les cimetières de Tours, situés dans la ville, étaient fréquemment inondés ; d'ailleurs les prescriptions de la loi s'opposaient au maintien des cimetière dans l'intérieur de la ville. Sur la demande du préfet, je fus chargé du rapport par la société médicale, et aujourd'hui les cimetières sont situés sur une colline au nord de la ville, sur le versant nord, dans un terrain sec. Les anciens cimetières sont convertis, sur ma demande, en jardins mortuaires.

2. — 1850. Les miasmes. Bien avant M. Pasteur j'ai démontré dans l'*Essai sur l'air atmosphérique,* mis entre les mains de la Faculté, que dans la plupart des maladies contagieuses ou infectieuses, épidémiques et épizootiques, il se produisait une véritable fermentation, variable

comme la fermentation elle-même et le plus souvent devant être attribuée au développement de microphytes ou de microzoaires.

---

3. — 1850-1875. Analyse de l'eau de la Loire et du Cher, et de diverses eaux de la Touraine et du Vendômois. Je suis arrivé à cette conclusion nouvelle en hygiène publique, dans l'étude de ces eaux : si les eaux de fleuve et de rivière sont préférables pour les usages domestiques et industriels, le savonnage, la cuisson de la viande et des légumes, l'emploi dans les machines à vapeur, etc., elles sont redoutables, employées comme boisson habituelle, en raison des matières organiques et des êtres organisés, qu'elles renferment ; les eaux de puits profonds, et par conséquent froides en toute saison, leur sont bien supérieures, comme boisson habituelle ; l'eau de source, peu chargée de sels calcaires ou autres, passe avant l'eau de puits, ce que savaient si bien les Romains, comme le témoignent leurs aqueducs construits à grands frais, qui ont laissé des ruines imposantes ; au moyen de ces acqueducs ils se procuraient l'eau de source, quelquefois amenée de très-loin dans les cités. (Ch. Brame. Quelques traits de l'histoire physico-chimique de l'eau, remis à chaque professeur.)

---

4. — 1851. *Analyse de l'air du pénitencier de Tours.* Il s'agissait de savoir si l'air de chaque cellule, où existe un

water-closet, était suffisamment purifié par le ventilateur commun ; les expériences faites, avec M. de Courteilles, directeur de la colonie de Mettray, ont montré que le ventilateur était très-efficace. Pour cela on employa le tonneau de Brunner, mais on substitua à la potasse, dans les tubes de Liebig, du sous-acétate plombique, du nitrate argentique, etc., de manière à déceler les moindres traces d'acide sulfhydrique. On employa également l'ammonoscope, dont il est question ci-après, pour déceler l'ammoniaque ; le ventilateur agit suffisamment pour qu'aucune trace d'acide sulfhydrique ou d'ammoniaque ne révélât sa présence.

---

5. — 1851. Amiante acétique (précédemment chlorhydrique.)

Dans un flacon à l'émeri on introduit de l'amiante, qui en remplit les 3/4, et on imbibe l'amiante d'acide acétique cristallisable ; une fumée blanche décèle les moindres traces d'ammoniaque ou de sels ammoniacaux, en débouchant le flacon et en approchant l'orifice de la source d'ammoniaque ou de sels amoniacaux volatils. (Fumier water-closet, fermentation putride. Cette invention si utile dans beaucoup de circonstances a été récompensée par une mention honorable, au concours universel de Paris, en 1876.)

6.—1851. Litière fumier. Nouvelle manière de fabriquer les fumiers de ferme, d'écurie, de bergerie. Grâce à l'ammonoscope, on avait pu démontrer que la paille ou toute matière organique s'opposait au dégagement des sels ammoniacaux. — Ayant été chargé par les préfets d'Indre-et-Loire et du Nord d'une mission pour apprécier l'état de l'hygiène dans les campagnes, je reconnus bien vite que cette question était corrélative avec celle de la fabrication du fumier de ferme, d'écurie, de bergerie, etc. — J'imaginai un nouveau mode de fabrication de ces fumiers, que j'installai à la colonie de Mettray où il existe encore. Sur un fonds creusé à 60 c., 1 m., 1 m.1/2, suivant la production de fumier, parfaitement bétonné de manière à former pour ainsi dire une cuve parfaitement étanche, on dépose 30 c. de terre ou de marne sèche, suivant les besoins; puis on accumule la matière organique. Les crèches ou les râteliers sont mobiles ; les bêtes montent sur leur litière qui à trente centimètres demeure parfaitement sèche; les produits liquides se rassemblent vers le bas ; l'ammonoscope d'une main et une fourche de l'autre, on surveille la fabrication du fumier, en ayant soin de ramener de la paille neuve sur les endroits qui dégagent des sels ammoniacaux. Le fumier de brebis fait dans ces conditions doit être arrosé de temps en temps. Une étable disposée de cette façon ne dégage aucune odeur.—Le jury de l'exposition générale d'Agriculture, à Paris, a récompensé cette utile invention par une médaille d'or, en l'année 1860. (Conférence de Bourgueil, extrait par Ch. Brame, mis entre les mains de la Faculté.)

7. — 1857. Organisation du service des laitières. — A Tours, comme ailleurs, les laitières et les revendeurs de lait ont de la propension à mettre de l'eau dans leur lait. — Pour découvrir la fraude, j'ai d'abord étudié le lait des environs de Tours, qui en général est très-bon, puis j'ai pris la densité du lait écrémé et non écrémé ; j'ai soumis ce lait au lactoscope et au crémomètre, et souvent j'ai évaporé 4 grammes de lait à 110°. — Ces moyens suffisent en général pour apprécier approximativement la quantité d'eau ajoutée. — Mais de plus les laitières distribuent du lait de la veille, dont elles ont enlevé une partie de la crème ; le lactoscope et le crémomètre combinés révèlent la fraude.

8. *Présence du plomb dans l'eau.* Les hôtes de la préfecture de Tours, depuis cinq ans, étaient tourmentés par des coliques, des douleurs, etc. Les médecins appelés étaient restés impuissants, et les domestiques s'en allaient successivement. En une demi-heure j'ai découvert que les tuyaux de plomb, posés depuis quatre-vingts ans, qui amenaient l'eau potable, étaient altérés et présentaient des fissures par lesquelles l'air s'était introduit et avait formé du bicarbonate plombique soluble, fait dont je me suis assuré. Je fis enlever *les tuyaux de plomb* en les remplaçant, et depuis lors la santé est revenue à la Préfecture.

9. Je fus appelé à Châteaurenault pour une pompe publique à tubage très-long en cuivre, qui, disait-on, amenait du cuivre dans l'eau ; je n'eus pas de peine à démontrer qu'il n'en était rien et que si on avait trouvé du cuivre dans l'eau, c'est que l'échantillon avait été puisé dans un auget, annexé à la pompe, où les premières manœuvres avaient rassemblé par le frottement du piston une petite quantité de cuivre.

---

10. *Sulfate cuivrique dans l'eau du puits artésien* de l'hospice général de Tours. On avait commencé à tuber en cuivre; un administrateur, Margueron, qui a fondé de ses deniers le jardin botanique de Tours, conçut des doutes sur la salubrité de l'eau, passant dans un tubage en cuivre, attendu que cette eau contenait un peu d'acide sulfhydrique. Je démontrai la présence du sulfate de cuivre dans la vasque ; il avait été formé par l'acide sulfhydrique, transformé à l'air en acide sulfurique, et par le cuivre oxydé. On changea le tubage en cuivre, qui fut remplacé par de la tôle forte.

---

11. *Potasse caustique* employée pour le chaulage des céréales. Le chaulage des céréales s'obtient avec de la chaux, de l'acide arsénieux, du sulfate cuivrique, de l'acide sulfurique, ou mieux avec un mélange de sulfate de soude et de chaux (Mathieu de Dombasle). Toutes ces

méthodes ont des inconvénients ; ou bien elles gênent le développement de la végétation, ou bien elles mettent à la disposition des campagnards de violents poisons qui peuvent induire en erreur. Rien de pareil avec la potasse caustique, qui reste en bocaux bouchés jusqu'au moment où on l'emploie ; 500 grammes dissous dans un à deux litres d'eau suffisent pour un hectolitre; on remue quelques minutes à la pelle ; le grain devient d'un beau jaune d'or, on peut le semer à l'instant même et la germination est favorisée. (Invention récompensée avec d'autres par une médaille d'argent au concours régional de Tours, 1856 et au concours universel d'agriculture de Paris, même année.)

12. *Coaltar associé à la craie et au plâtre* contre l'oïdium de la vigne (Oïdium Tuckeri). Dans les vallées froides de la Touraine, le soufre, qui agit surtout contre l'oïdium à l'état de vapeur, n'a produit aucun effet ; on a été plus heureux avec le mélange indiqué.

13. *Coaltar associé au mastic* de vitrier, contre les écoulements de gomme, etc. Ce mélange durcit à l'air et au soleil et réussit à faire atteindre le but qu'on se propose. (Mention honorable au concours général d'agriculture de Paris, 1860.)

14. *Chauffage des vins*. — En admettant les résultats avantageux de la pasteurisation, je crois devoir faire remarquer que cette méthode n'est pas sans inconvénient, lorsqu'elle est appliquée aux vins de choix ; les bouquets des vins de choix sont essentiellement fugitifs, et par la pasteurisation il s'en perd toujours une partie.

---

15. *Alun*. — On a conseillé et employé pour corriger les vins passant à l'aigre, prenant le goût de feu, etc., l'*alun* en petite quantité. Cette méthode doit être rejetée, en raison de l'action de l'alun sur l'estomac ; des accidents ont été constatés à Tours, par suite de l'ingestion de vins ainsi traités ; et j'ai eu moi-même occasion d'apprécier ces inconvénients de l'alun employé pour corriger l'acidité des vins.

---

16. *Appareil de Brunner modifié* pour l'analyse de l'air. Mon appareil consiste en deux tonneaux de trente litres chacun, peints au dehors, et superposés ; l'un sert d'aspirateur, et l'autre reçoit l'eau écoulée : de manière qu'ils sont toujours prêts pour se remplacer et qu'on peut dans un petit espace agir sur des centaines de litres et plus d'air. Un premier tube renferme de la ouate qui permet de condenser les germes, les microphytes et les microzoaires, les poussières qui existent dans l'air ; et les autres tubes renfermant de l'acide sulfurique ou de la potasse

caustique, imbibant de la pierre ponce, pour condenser l'eau et l'acide carbonique. En temps d'épidémie, cet appareil très-simple peut être utile pour apprécier en partie l'état de l'air ; on pourrait en disposer un certain nombre sur divers points d'une ville.

---

17. *Ozone.* — J'ai le premier découvert que les plantes émettent de l'ozone, comme en font foi *mes travaux de 1856*, brochure mise entre les mains de la Faculté ; même par les temps de pluie ou de brouillards, les plantes émettent de l'ozone. Or, cet ozone est bienfaisant pour la santé des hommes ; il suffit de traveresr un jardin botanique pour éprouver un bien-être particulier ; la respiration est rendue plus facile, etc.

---

18. *Dosage de l'eau des fourrages.* — J'ai dosé l'eau des principaux fourrages, qui présentent des différences considérables relativement à leur teneur en eau. Ainsi la luzerne renferme 75 0/0 d'eau, tandis que le trèfle n'en renferme que 35 à 38 0/0. Au point de vue de la production de la viande, si utile à l'homme, cela est important à faire connaître aux cultivateurs.

II

HYGIÈNE PRIVÉE

DANS LA SANTÉ

II

HYGIÈNE PRIVÉE DANS L'ÉTAT DE SANTÉ

19. *La flanelle* doit être le plus souvent rejetée et remplacée par la laine tricotée, placée sur la chemise : on portera sur la peau un mince gilet de coton pour emboîter le corps. La flanelle, outre qu'elle garde la sueur et se salit vite, provoque très-souvent des affections cutanées, parmi lesquelles, une des plus rebelles, l'acné, sous plusieurs de ses formes. Rien de pareil, avec les moyens que je propose, que beaucoup de personnes ont adoptés, sur mes conseils, et dont je me sers moi-même avec succès depuis nombre d'années.

20. *Charbon de Belloc. Employé presqu'exclusivement pour le nettoyage des dents.* — Il faut, après chaque repas, passer pendant quelques secondes une brosse à dents douce sur la langue, puis puiser un peu de charbon et se frotter sept ou huit fois les dents avec ce char-

bon ; on se rince la bouche ensuite avec de l'eau froide ou tiède suivant les circonstances. Quelquefois pour fortifier les gencives on met quelques gouttes de teinture alcoolique de tannin, dans un peu d'eau et on se rince la bouche avec cette eau. Il faut rejeter le quinquina qui laisse des fibres dures dans les gencives, le charbon ordinaire, le corail, etc., qui présentent des poudres dures. Les alcalis sont inutiles.

---

21. *Soins à donner à la chevelure et au cuir chevelu.* — Il faut tous les jours laver la tête avec de l'alcool à 96° c.; s'il existe un pityriasis qui est très-commun et qui est la cause la plus ordinaire de la calvitie prématurée, il faut employer, comme je le dis à l'hygiène des maladies, la pommade Alain, que j'ai modifiée.

---

4. *L'alcool* à 96° c. doit être employé tous les jours pour le lavage habituel du visage ; on lui fait succéder un lavage à l'eau; avec l'eau, vous n'enlevez pas les matières grasses qui se trouvent à la surface de la peau. On doit employer l'alcool pur après la barbe faite, pour enlever le savon, qui cause si souvent des affections cutanées, qu'on attribue au rasoir.

22. *Hydrothérapie.* — L'hydrothérapie à domicile peut être avantageusement remplacée par des lavages de tout le corps à l'alcool 96° c.; deux ou trois lavages par semaine suffisent ; ils sont très-avantageux et très-fortifiants.

---

23. J'ai montré que la plupart des varices, surtout chez les femmes, étaient provoquées par la jarretière. J'ai obtenu qu'un grand nombre d'entre elles les supprimassent ; les unes attachent leurs bas avec des épingles, les autres avec des cordons, les joignant au corset, etc. Chez beaucoup d'entre elles qui ont eu recours à ce moyen, les varices ont disparu ou ont sensiblement diminué.

---

24. *Electricité.* J'ai employé avec succès l'électricité contre les états nerveux ; sans qu'il y eût ni maladie, ni affection quelconque.

---

25. Le papier buvard, introduit dans la conque de l'oreille et non dans le conduit auditif interne suffit souvent pour prévenir et même guérir les angines à leur début.

---

26. Il faut faire sortir les malades atteints d'affection de poitrine, en ayant soin de leur faire porter un cache-nez ; de cette manière, ils sont complétement préservés de l'air extérieur, et se livrent à des mouvements qui sont utiles à leur santé ; d'ailleurs on les tire ainsi momentanéuent du milieu pernicieux qu'ils habitent d'habitude.

---

27. C'est une bonne méthode de laisser nus les jambes et les bras des enfants, lorsqu'ils sont suffisamment vigoureux ; mais je ne puis trop m'élever contre la manie qu'ont certains parents d'exposer à toutes les injures de l'air, des enfants chétifs ; ceux-là ont besoin d'être couverts, surtout en hiver, de vêtements chauds et épais.

---

28. Emploi d'une solution alcoolique très-concentrée de tannin pour prévenir les engorgements, les prolapsus de l'utérus, supprimer les leucorrhées, etc.

---

29. La feuille d'oranger fraiche prise en infusion est la meilleure tisane pour combattre les dérangements passagers de l'estomac, les névralgies, etc.

30. Une bouteille d'eau chaude en grès est indispensable placée dans le lit, pour les personnes faibles, chétives, nerveuses. Le meilleur moyen de faire passer les coliques est d'appliquer une bouteille d'eau chaude sur l'abdomen.

---

31. Une tasse de lait est le meilleur aliment à prendre le matin ; le lait bouilli contribue à empêcher la constipation ; il faut rejeter le chocolat, le café au lait qui produisent un effet contraire ; les potages maigres ne valent pas le lait, pris comme premier aliment.

---

32. L'eau de Cologne et les alcoolats qui lui ressemblent doivent être rejetés de la toilette habituelle, attendu qu'ils laissent sur la peau des huiles essentielles qui, en s'oxydant, donnent naissance à des résines irritantes.

---

33. Le jus de réglisse, aromatisé avec l'iris, est un excellent moyen de prévenir les rhumes et les angines ; les orateurs devraient toujours en avoir quelques morceaux dans la bouche ; en déterminant une salivation plus abondante que de coutume, ils préservent les muqueuses buccales de toute irritation.

III

HYGIÈNE PRIVÉE

DANS LES MALADIES

III

HYGIÈNE PRIVÉE DANS LES MALADIES

34. *Pommade Alain*, modifiée, contre le pityriasis du cuir chevelu.

En remplaçant l'oxyde rouge de mercure, obtenu par voie sèche, par l'oxyde de mercure jaune, obtenu par voie humide, on obtient une pommade dont les effets sont plus marqués et plus sûrs.

35. *Bière*. Dans plusieurs cas de maladies chroniques, telle que la goutte, la gravelle, etc. on l'additionne fréquemment de nitrate potassique à la dose de quatre grammes par bouteille ; mais ce qui est plus inattendu, c'est que la bière puisse être administrée dans la blennorrhagie, en l'additionnant de 4 grammes de nitrate potassique par bouteille et en ayant soin de l'ordonner, non pas entre les repas, mais pendant les repas, on est en possession d'un moyen bien supérieur au copahu et au cubèbe.

36. *On pose une serviette* sur les parties génitales, qu'on maintient au moyen du pantalon, pour remplacer avantageusement tout bandage enveloppant, qui a l'inconvénient de faire séjourner le gland dans le pus blennorrhagique ; il n'en est pas ainsi avec la serviette.

---

37. *Précipité d'eau blanche* appliqué tous les jours sur les varices peu développées, mais nombreuses, portées à produire alternativement des eczémas et des ulcères ; on prévient ces affections par ce moyen dont on aide l'action par une bande de flanelle, roulée autour d'une compresse de linge. Suppression des bas en caoutchouc lacés et dont le moindre inconvénient est de faire naitre des varices au-dessous et au-dessus des parties comprimées.

---

38. *Brosse de chiendent* à brins assez longs, dite brosse à velours ; employée contre les douleurs et les engorgements ; rien ne peut remplacer la brosse de chiendent en raison de l'élasticité des brins.

---

39. *Alcool* 96°, employé dans le même but ; on frictionne les parties douloureuses avec un linge imbibé de cet alcool.—Peut être employé impunément dans les douleurs intolérables que causent les dents cariées ; presque toujours il les abolit.

---

40. *Papier Joseph*, employé contre toute espèce de douleur. Le papier Joseph garantit mieux que n'importe quelle substance contre le froid ; on l'emploie tel que le fournit l'industrie. On l'étend après l'avoir chiffonné sur les parties que l'on veut protéger, en le soutenant avec du linge ou de la flanelle, suivant les cas.

---

41. *Eau de fontaine*, eau chargée de bicarbonate calcique, employée au lieu d'eau de Vichy, ou même de Vals, contre la gravelle, la goutte, les constipations opiniâtres, etc. J'ai démontré le premier, comme en fait foi le recueil de la Société médicale de Tours, que l'eau de Vichy produisait des calculs chez beaucoup de graveleux ; cela tient à ce qu'elle forme avec l'acide urique des urates moins solubles que l'acide urique lui-même : même réflexion dans la goutte ; constituée le plus souvent par des concrétions tophacées d'urate sodique ; or, l'eau pure et froide ne contenant pas par elle-même d'êtres organisés, ni de matières organiques, est plus propre à dissoudre l'acide urique, voire même l'urate sodique, que les eaux de Vichy ou de Vals à base de bicarbonate sodique ; les malades en prennent six à huit verres sans inconvénient. J'avais déjà trouvé près de Tours la fontaine de la Carre, qui se prête à ces indications ; j'ai depuis trouvé à Vendôme la fontaine de St-Ouen, qui est au moins supérieure à celle de Tours. (0,3 et 0,2 décigrammes de bicarbonate calcique par litre.)

42. *Contre la constipation opiniâtre* ; avec un peu d'huile de ricin et de sulfate de soude, on réussit presque toujours en administrant une grande quantité d'eau de fontaine.

Contre les constipations habituelles, je donne au repas du soir, du sulfate sodique à faible dose, dix grammes ; cette méthode est sans danger, je l'ai vérifié sur un grand nombre de personnes ; elle procure une ou deux garde-robes le matin, et tout est dit.

---

43. *Préparation de la viande crue*, par un nouveau procédé : on hache la viande le plus mince possible ; on la pile ensuite avec du sucre dans un mortier de cuisine, on passe dans une passoire de cuisine à trous très-fins, après y avoir ajouté la quantité d'eau convenable ; on aromatise avec de l'eau de fleur d'oranger ou de menthe ; les malades qui répugnent très-souvent à prendre de la viande hachée, enrobée de sucre, ne se refusent jamais à avaler cette espèce d'émulsion.

---

44. Je propose de remplacer la ouate dans la plupart des cas, pour les pansements à demeure, par le papier Jo-

seph. J'ai vu des malades qui portaient un kilog. de ouate; le papier Joseph est beaucoup plus léger et fait une occlusion plus parfaite ; je m'en sers presque constamment au lieu de compresses ; il rend les plus grands services ; de même pour éponger les plaies, il est bien supérieur au linge, etc.

---

45. Bas coupé pour le pansement des affections de genoux. En coupant un bas (de laine en hiver, de coton en été), juste au-dessus de la partie qui correspond au pied, on a un moyen très-efficace de maintenir sur le genou les pansements de toute sorte, sans aucune ligature. En plaçant au-dessus une ou plusieurs feuilles de papier Joseph, et de la charpie au besoin, on a un pansement qui est très-utile dans la plupart des circonstances.

---

46. Dans les dartres et autres affections cutanées, j'ai supprimé toute espèce de traitement intérieur ; sauf que je recommande la bière faible aux repas ; les malades peuvent boire du vin, étendu d'eau, et du café. Ce qu'il faut leur défendre, ce sont les épices, le thé, et principalement les liqueurs fortes ; un tiers des psoriasis exclusivement ne peuvent être guéris que par une médication arsénicale, mais dans ce cas même la bière doit être ordonnée. (600 guérisons.)

47. Il faut remplacer le plus souvent le vin de quinquina par le vin de gentiane ; le vin de quinquina à la longue agit défavorablement sur le système nerveux.

---

48. Les vins médicinaux doivent être pris pendant le repas, il n'y a d'exception que pour les vins de Malaga ou autres vins liquoreux, dans lesquels on fait entrer de l'iode, du quinquina, etc.; ceux-là doivent être pris après le repas.

---

49. Une bonne manière de faire disparaître à l'instant même la saveur extrêmement désagréable de l'huile de foie de morue, c'est de boire immédiatement un autre liquide, mais surtout de la bière.

---

50. Il faut rejeter le sirop et le vin antiscorbutique de la médication, dans les maladies des enfants ; ces médicaments sont irritants et produisent des effets désastreux sur la muqueuse gastro-intestinale ; il est avantageux de les remplacer par du vin de gentiane, fait avec du vin rouge, ou du sirop de gentiane.

etc., etc.

En présentant cet aperçu de mes idées et de mes travaux sur l'hygiène publique et l'hygiène privée dans l'état de santé ou de maladie, je ne puis que retracer à la hâte mes principaux titres à l'attention des professeurs de la Faculté de médecine de Montpellier ; je m'engage à poursuivre ces travaux dans diverses parties de l'hygiène, si j'ai l'honneur de réunir les suffrages de la Faculté et d'être élu professeur d'hygiène.

www.ingramcontent.com/pod-product-compliance
Lightning Source LLC
Chambersburg PA
CBHW060525050426
42451CB00009B/1168